PREMIER LIVRE DE LECTURE

à l'usage

DES ÉCOLES PRIMAIRES.

Par L***

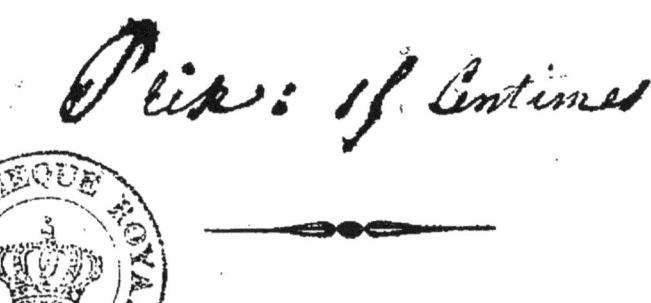

SAINT-QUENTIN,

DOLOY, Imprimeur-Libraire, Papetier et Relieur,

Grand'Place, 21, au coin de la rue Saint-Jacques.

1843.

Les exemplaires voulus par la loi ont été déposés. Tout exemplaire qui ne porte pas les signatures ci-dessous est contrefait et les contrefacteurs seront poursuivis.

St-Quentin. — Imp. DOLOY ET TEAUZEIN Grand'Place.

Alphabet divisé en plusieurs parties avec exercice.

1re Partie.

a b c d
e f g h

Exercice.

h a g e b f d
a d c g h b f
d f e h c a g
e g h c a d b

2e Partie.

i j k l
m n o p q

Exercice.

q	m	i	l	p	o	k
p	j	a	g	b	d	i
k	e	c	f	l	q	m
o	q	m	k	i	p	l

3ᵉ Partie.

r	s	t	u
v	x	y	z

Exercice.

v	r	x	s	u	y	t
z	d	l	v	m	e	n
g	i	h	r	x	b	p
d	q	e	c	o	a	u

Alphabet complet.

a b c d e f g
h i j k l m n
o p q r s t u
v x y z.

Syllabes de deux lettres.

ba bu bi ca co ce ci
cu fa fi ga go gu gi
le la me le ne ma na
bo be fe fo fu ge de

lo da lu do ja di du
je ka lo le pu ki me
ke la je mi li ne ma
re ma ri ko jo no lu
ra sa nu po ku ra ju
te bo mo pi ni ru po
va pe vi si mu ta su
se vo so ti ve pa xa
vu xe te xo xu xi tu

Application.

je me lè ve à mi di.
la sé vé ri té de pa pa.

le mé na ge de dé si ré. u ne py ra mi de du cô té de la cô te. la pé lé ri ne de vô te u ne ca ra va ne. la ma li ce de la pe ti te o bé li ne. un po ly go ne so li de se ra bâ ti. je dî ne de la sa la de. sa me di à mi di. je de vi ne ta pa ro le. la ca ge de ja co. la pe ti te ro se de vi de sa bo bi ne. vé ri té. la ci té. u ne pe ti te bê te. va ni té ri di cu le. le ca rê me ar ri ve. mo ra li té. déposé. mo dè le de do ci li té. l'é tu de de la vé ri té. va à la ca ve. ra mè ne le sa me di.

Sons composés. Syllabes de trois lettres.

eu au ou an am in im en em un ain eau oi, etc.
bla ple cra fli tra fla vro que pu bau pla tai phe gru fau tre ger tru tou pre cre mou qui pec flu pra fle bli can bro pom lam plo fro phi, etc.

Application.

l' in dé pen dan ce de cet état me per met de vi vre en re pos. voi là un gé né ral, un ma ré chal, un ca po ral, un ca pi tai ne. cri me ima gi nai re. le pon ti fe de rome. or dre do ri que. je dis u ne pri è re tu se ras sou mis. mon pè re man ge. ton frè re sau te. un phi lo so phe. un ê tre cha ri ta ble. la nei ge tom be en eau. vo lon té. ac te de cha ri té. le tem ple du mi nis tre de la re li gi on pro tes tan te. sa tis faire. la re li gi on ca tho li que se pro pa ge.

Syllabes d'un nombre quelconque de lettres.

bau beau main peau

gneau gnée nous
ment drons seau
frein chou, etc.

Application.

il y a de beaux
mou tons, de beaux
a gneaux, dans l'é
ta ble de mon oncle.
un seau d'eau chau
de. tu me trou ve ras
de main à la forêt.
je ga gne rai mon
oncle, je le ga ge.

il ro gne ma part.
ce chat gro gne tou
jours. le châ teau de
cet en droit est plus
beau que le nô tre.
cher che a près moi.
cou pe ce chou. le
li vre que j'ai prê té
à ma tan te se gâ te
très fort. au tre fois
il était beau, mais
pour le mo ment il
est ex trê me ment vi

lain. la se maine pro chai ne, nous irons nous pro me ner sur le bord de la ri vi è re où nous cher che rons à nous di ver tir. tu ne veux pas me croi re; mais tu as tort. lec tu re du saint é van gile se lon saint luc, cha pi tre trois. u ne ta ble de mar bre. les cou teaux des en fants. la pa role

du sei gneur. il met.
un frein à ses trop
gran des dé pen ses.
régimentdedindons
en fin, c'est fi ni.

ç, ie, ez, el, est, les, des.

j'é tu die ma le çon.
vous a vez un gar çon.
man gez des poi res
et des con fi tures.
cet en fant est char
mant. les clo ches

sont en re pos. la fa ça de du bâ ti ment. vous courez ris que de n'ê tre pas re çu. tu lan ças une bû che si vous bu vez trop, vous vous fe rez mal. tu te ba lan çais. un un loup n'a vait que les os et la peau. nous n'a ga çons plus au cun in di vi du. des es piè gle ries d'en fant. je veux que tu chan

tes. ce chat est à nous.
vous trou ve rez tou
jours quel que cho se
à di re.

ein, s pour z, tion pour sion.

un pein tre ha bi le.
vous me fai tes de la
pei ne de vous voir
ain si é cra sé par
tous vos cré an ci ers.
les ac ti ons i nu ti les.
voi là u ne o raison
que tu por te ras à la

maison de ma cousine élisa. chacun sa portion. la pauvre nation que la nation espagnole. il a un cousin qui est en prison pour avoir pris des fraises; la gourmandise est ainsi récompensée. la prétention est toujours nuisible. lisez votre leçon. voyez ses actions.

ar, er, ir, etc. œu, aï, aü, uë, ïil.

un bœuf pe sant qua tre cents li vres traî ne u ne voi tu re char gée de pa ni ers d'œufs. sor tir par co lè re. man ger des fri an di ses. sa ül fut roi d'is ra ël. il ne faut haïr qui que ce soit, pas mê me ceux qui nous dé tes tent. u ne pa ro le na ïve.

il est par ti ce ma tin.
je vous ai me de tout
mon cœur, ô mon
dieu. les œufs frais
sont bons. cha cun
doit for mer des vœux
pour la fé li ci té de
son pè re. des dou
leurs ai guës. u ne
phra se am bi guë.
mon œil est en flé.
vous chan te rez en
chœur.

Consonnes répétées.

u ne bon ne tra vail leu se. con son nes ré pé tées. a va res, gros sis sez vo tre tré sor en sui te vous mour rez sans en avoir nul le ment pro fi té. cet te per son ne qui se don ne la per mis si on de com man der à tout le monde, se fait ha ïr. jean ne i ra à saint quen tin; elle rap por te ra des pom mes. tu dois te rap pe ler d'a voir con nu cet hom me. les mots sont com po sés de voy elles et de con son nes. par don nez nous nos of fen ses com me nous par don nons à ceux qui nous ont of fen sés con fes ser vos fau tes. ma com mè re la car pe. il faut as sis ter aux of fi ces a vec beau coup de dé vo ti on. les pois sons vi vent dans l'eau. al lez à la mes se le di man che. des per son nes in con nues se ca chè rent dans le sou ter rain qui pas se sous no tre mai son. lais sez pas ser a vant vous les per son nes qui sont pres sées d'a van cer.

il l se pron. ye, et il l se pron. ile.
la fa mil le de mon pè re les gro seil les sont su crées. l'o seil le est sû re. on m'a ti ré les o reilles. une cor beil le de poi res. les sept mer veil les du mon de. il a les lè vres ver meil les. so leil brû lant. écu reil char mant. é cu eil dan ge reux. le mo ment de se mail

les. être cou vert de hail lons. cas sez moi cet te mail le. j'ai me ma fil le. les vil la geois sont pai si bles. vi vre tran quil le ment. les vil les sont plus gran des que les vil la ges. u ne ci trouil le ver te. j'ai me la tran quil li té. on pré fè re sou vent u ne vie tran quil le à u ne vie a gi tée.

Récapitulation.

il ne faut pas crain dre de di re la vé ri té. un hom me re fu sant de ren dre hom ma ge à un bon net fut con dam né à a bat tre, a vec u ne flè che, u ne pom me sur la tê te de son fils : il en le va la pom me sans bles ser l'en fant. ré ci te ta le çon; en sui te nous li rons la let tre que j'ai re çue ce ma tin, lors que je cas sais des œufs. i ci, on tra vail le; ail leurs, on ne fait que jou er.

a na to le est un pe tit po
lis son qui ne veut rien
fai re; son voi sin, au con
trai re, tra vail le beau
coup, et sa ma man, en
ré com pen se, lui rap
por te tou jours des bon
bons de la vil le. la pe ti te
é mi lie est bien gen til le;
el le ai me à al ler à l'é
co le. sa maî tres se est
con ten te de son ap pli ca
ti on.

Alphabet de majuscules.

A B C D E F G H I
J K L M N O P Q R
S T U V X Y Z Æ Œ.

Lecture divisée en syllabes, destinée à servir d'exercice aux enfants avant de les faire passer dans d'autres livres où les mots ne sont plus divisés.

Le deuxième dimanche après Pâques.

En ce temps là, Jé sus dit à quel ques uns d'en tre les Pha ri siens : je suis le bon pas teur; le bon pas teur don ne sa vie pour ses bre bis; mais le mer ce nai re qui n'est point pas teur, à qui les bre bis n'ap par tien nent pas, vo yant ve nir le loup, a ban don ne les bre bis et s'en fuit, et aus si tôt le loup les ra vit, et met le trou peau en dé sor dre. Or, le mer ce nai re

Même lecture que ci-contre, non divisée en syllabes, pour habituer les enfants à les distinguer eux-même dans les mots.

Le deuxième dimanche après Pâques.

En ce temps-là, Jésus dit à quelques-uns d'entre les Pharisiens : je suis le bon pasteur ; le bon pasteur donne sa vie pour ses brebis; mais le mercenaire, qui n'est point pasteur, à qui les brebis n'appartiennent pas, voyant venir le loup, abandonne les brebis et s'enfuit, et aussitôt le loup les ravit, et met le troupeau en désordre. Or, le mercenaire

s'en fuit, par ce qu'il est mer ce nai re et qu'il ne se met point en pei ne des bre bis. Je suis le bon pas teur, et je conn ais cel les qui sont à moi; et cel les qui sont à moi me con nais sent com me mon pè re me con naît et que je con nais mon pè re; et je don ne ma vie pour mes bre bis. J'ai en co re d'au tres bre bis qui ne sont pas dans cet te ber ge rie; il faut aus si que je les a mè ne, et el les é cou te ront ma voix, et il n'y au ra qu'un trou peau et qu'un pasteur.

s'enfuit, parce qu'il est mercenaire et qu'il ne se met point en peine des brebis. Je suis le bon pasteur, et je connais celles qui sont à moi, et celles qui sont à moi me connaissent comme mon père me connaît et que je connais mon père ; et je donne ma vie pour mes brebis. J'ai encore d'autres brebis qui ne sont pas dans cette bergerie ; il faut aussi que je les amène, et elles écouteront ma voix, et il n'y aura qu'un troupeau et qu'un pasteur.

Le dimanche dans l'octave de l'Ascension.

En ce temps-là Jé sus dit à ses dis ci ples. Lors que le con so la teur, cet es prit de vé ri té qui pro cè de du pè re, se ra ve nu, il ren dra té moi gna ge de moi, et vous en ren drez aus si té moi gna ge, par ce que vous ê tes dès le com men ce ment a vec moi. Je vous ai dit ces cho ses pour vous em pê cher d'ê tre scan da li sés. Ils vous chas se ront de leurs sy na go gues; mais voi ci bien tôt le temps que qui con que vous fera mou rir,

Le dimanche dans l'octave de l'Ascension.

En ce temps-la Jésus dit à ses disciples. Lorsque le consolateur, cet esprit de vérité qui procède du père, sera venu, il rendra témoignage de moi, et vous en rendrez aussi témoignage, parceque vous êtes dès le commencement avec moi. Je vous ai dit ces choses pour vous empêcher d'être scandalisés. Ils vous chasseront de leurs synagogues ; mais voici bientôt le temps que quiconque vous fera mourir,

croi ra a gir con for mé ment à l'or dre de Dieu; et ils vous fe ront tous ces mau vais trai te ments, par ce qu'ils ne con nais sent ni mon pè re ni moi. Mais je vous en a vertis, a fin que dans le temps qu'el les s'ac com pli ront, vous vous sou ve niez que je vous les ai di tes.

Acte de Charité.

Mon Dieu je vous ai me de tout mon cœur, par des sus tou te cho se, et j'ai me mon pro chain com me moi mê me pour l'a mour de vous.

croira agir conformément à l'ordre de Dieu; et ils vous feront tous ces mauvais traitements, parce qu'ils ne connaissent ni mon père ni moi. Mais je vous en avertis, afin que dans le temps qu'elles s'accompliront, vous vous souveniez que je vous les ai dites.

Acte de Charité.

Mon Dieu je vous aime de tout mon cœur, par dessus toute chose, et j'aime mon prochain comme moi même pour l'amour de vous.

www.ingramcontent.com/pod-product-compliance
Lightning Source LLC
Chambersburg PA
CBHW060903050426
42453CB00010B/1546